Lothar-Rüdiger Lütge

Der Gottesbeweis.

Warum ein bewusster Schöpfer
die einzige Erklärung ist.

Verlag:
BoD - Books on Demand GmbH,
In de Tarpen 42, 22848 Norderstedt
Druck:
Libri Plureos GmbH, Friedensallee 273,
22763 Hamburg

ISBN: 978-3-7597-7775-1

Inhalt

Seite

Einleitung   9

Kapitel 1   13
Die Realität von Leben und Bewusstsein

Kapitel 2   21
Die Unmöglichkeit künstlicher Bewusst-
seins- und Lebenserzeugung

Kapitel 3   31
Das Prinzip „Von Nichts kommt Nichts"

Kapitel 4   39
Der Gottesbeweis und seine Implikationen

Kapitel 5   49
Die Konsequenzen eines transzendenten
Schöpfers

Schlusswort   58
Ein Weg aus der Leere

Anhang   63
Die logischen Schritte des Gottesbeweises
in der Übersicht

Einleitung

Seit Jahrhunderten stellt die Frage nach der Existenz Gottes eine der grundlegendsten und zugleich kontroversesten Fragen der Menschheitsgeschichte dar. Philosophen, Theologen und Denker verschiedenster Kulturen haben versucht, diese Frage zu beantworten, doch bis heute gilt als weitgehend akzeptiert, dass es keinen schlüssigen Beweis für die Existenz Gottes geben kann. Dies ist der allgemeine Konsens: Ein Gottesbeweis, der rational nachvollziehbar und allgemein anerkannt ist, existiert nicht und kann vermutlich auch niemals existieren.

Die moderne und postmoderne Denkweise hat diese Annahme fest verankert. Sie besagt, dass Gott, sofern er existiert, sich dem menschlichen Wissen entzieht und dass jegliche Überzeugung über seine Existenz letzten Endes auf persönlichem Glauben und subjektivem Empfinden basiert. Der Gedanke eines rationalen, klar begründbaren Gottesbeweises scheint in dieser Sichtweise schlichtweg unmöglich. Es wird vorausgesetzt, dass der Mensch, gefangen im Netz seiner eigenen Wahrnehmungen und Begrenzungen, keine Chance hat, die Frage nach Gott auf logische, nachvollziehbare Weise zu beantworten.

Doch was wäre, wenn wir diese Annahme hinterfragen? Was, wenn es möglich ist, die Existenz Gottes auf eine Weise zu beweisen, die logisch konsistent, schlüssig und nachvollziehbar ist? Tatsächlich gibt es eine Argumentation, die genau das leisten kann – eine Argumentation, die auf den Grundtatsachen des Lebens und Bewusstseins basiert und zeigt, dass die Existenz Gottes nicht nur möglich, sondern notwendig ist. Indem wir die Grundlagen unseres Daseins – das Phänomen des Lebens und das Erleben von Bewusstsein – untersuchen, können wir zu einer Erkenntnis gelangen, die die Existenz eines personalen Schöpfers logisch belegt.

In unserer Argumentation stützen wir uns auf drei zentrale Grundannahmen, die jeder Mensch aus seiner eigenen Erfahrung und aus der beobachtbaren Realität heraus nachvollziehen kann: die Existenz von Leben, die Realität von Bewusstsein und das grundlegende Prinzip, dass „von Nichts, nichts kommt". Diese Annahmen sind nicht bloß abstrakte Gedankenspiele, sondern beziehen sich auf die tiefsten, unmittelbar erlebbaren Phänomene unseres Seins. Wir alle erleben Leben und Bewusstsein als reale Tatsachen – nicht als Illusion oder Einbildung – und wir wissen aus unserer Erfahrung, dass das, was ist, immer aus etwas anderem hervorgeht. Es gibt nichts, das aus dem absoluten Nichts heraus entstehen könnte.

Diese drei Grundannahmen bilden die Basis unserer Überlegungen, und aus ihnen entwickeln wir eine schlüssige Argumentationskette, die zu einer zwingenden Schlussfolgerung führt: Es muss eine bewusste, lebendige Quelle außerhalb der materiellen Welt geben, die das Leben und Bewusstsein in die Existenz gerufen hat. Diese Quelle kann, wie wir zeigen werden, nur ein personaler Gott sein – ein Wesen, das über Leben und Bewusstsein verfügt und das alles, was existiert, willentlich erschaffen hat.

Durch eine klare und nachvollziehbare Methode werden wir Schritt für Schritt diese

Annahmen auf ihre logischen Konsequenzen hin untersuchen. Dabei wird deutlich werden, dass Leben und Bewusstsein nicht auf rein materielle Prozesse reduzierbar sind und dass die Existenz von Leben und Bewusstsein uns unweigerlich auf eine transzendente Quelle hinweist. Indem wir den Pfad unserer eigenen Existenz bis zum Ursprung zurückverfolgen, gelangen wir zu einem Beweis für die Existenz Gottes – einem Beweis, der auf den Grundprinzipien der Logik und der Erfahrung gründet.

Kapitel 1
Die Realität von Leben und Bewusstsein

Leben und Bewusstsein sind die grundlegendsten Phänomene unserer Existenz. Alles, was wir wahrnehmen, erkennen, erleben
oder denken, geschieht in einem Zustand des
bewussten Daseins. Leben ist die Grundlage,
die unser Dasein ermöglicht, und Bewusstsein ist das Medium, durch das wir dieses Dasein erfahren und reflektieren können. Doch
was genau bedeuten diese beiden Begriffe?
Warum sind sie für unser Verständnis von Realität und Existenz so zentral?

Zunächst einmal beschreibt Leben den Zustand, in dem ein Organismus existiert,
wächst, sich entwickelt und in Wechselwir-
kung mit seiner Umgebung steht. Leben ist
keine bloße Funktion, sondern ein Zustand
der Existenz, der sich von unbelebter Materie radikal unterscheidet. Es ist mehr als die
Summe physikalischer Prozesse, mehr als ein
biologischer Mechanismus – Leben ist ein
Ausdruck von Aktivität, von „Bewegung aus
sich selbst heraus", ein dynamischer Zustand,
der durch eigene Kraft agiert und reagiert.

Bewusstsein geht noch einen Schritt weiter. Es ist die Fähigkeit, sich selbst und die Welt wahrzunehmen, zu denken, zu fühlen und zu wissen, dass man existiert. Bewusstsein ist das „Ich bin" im tiefsten Sinne – ein Zustand des Erlebens, der uns unsere eigene Individualität und unsere Einzigartigkeit bewusst macht. Bewusstsein ist dabei nicht nur die Wahrnehmung der Außenwelt, sondern auch das Erleben der eigenen Gedanken und Gefühle, das Wissen um das eigene Dasein. Dieses „Ich bin" ist kein abstrakter Gedanke, sondern eine unmittelbare, lebendige Erfahrung, die für jeden Menschen das Zentrum seines Seins bildet.

Leben und Bewusstsein sind also weit mehr als mechanische oder zufällige Prozesse. Sie sind die Grundpfeiler unseres Daseins, die uns zur Frage nach dem Ursprung unserer Existenz führen. Sie lassen sich nicht auf physikalische Prozesse reduzieren, denn sie sind das, was wir unmittelbar erfahren, und sie sind der Kern dessen, was wir sind. Leben und Bewusstsein sind keine Theorien oder Hypothesen – sie sind real, erfahrbar und unverzichtbare Grundlagen für alles, was wir denken und wissen.

Es gibt philosophische und spirituelle Strömungen, die Leben und Bewusstsein als Illusion betrachten – als bloße Erscheinungen, die letztlich keine echte Substanz oder Wirklichkeit besitzen. Diese Sichtweise findet sich insbesondere in bestimmten Strömungen des Buddhismus und im Advaita Vedanta des Hinduismus, die das Selbst und das individuelle Bewusstsein als Täuschung (Maya) ansehen und die wahre Realität in einem transzendenten, unpersönlichen Absoluten verorten, in dem alle Unterschiede und Individualitäten letztlich verschwinden.

Doch wie überzeugend ist diese Auffassung? Wenn wir Leben und Bewusstsein als Illusion betrachten, stoßen wir auf ein fundamentales Paradoxon: Denn auch die Wahrnehmung der Illusion müsste eine Form von Bewusstsein sein. Wenn Leben und Bewusstsein bloße Täuschungen wären, dann wäre auch die Erkenntnis über diese Täuschung selbst illusionär und in sich widersprüchlich. Das bewusste Erleben von Leben und Dasein kann nicht Illusion sein, denn es ist die Grundlage all unserer Wahrnehmungen und unseres Wissens. Ohne Bewusstsein gäbe es keine Möglichkeit, Illusion von Realität zu unterscheiden – Bewusstsein ist die Bedingung, die uns überhaupt erst in die Lage versetzt, über Realität und Täuschung nachzudenken.

Zudem sind Leben und Bewusstsein keine abstrakten Konzepte, sondern real erfahrbare Zustände. Sie sind keine gedanklichen Konstruktionen, sondern sie bilden das Fundament unserer gesamten Existenz. Das Bewusstsein um unsere eigene Existenz, unser Empfinden, Denken und Erleben ist kein entfernter Gedanke, sondern eine unmittelbare Tatsache, die wir nicht leugnen können, ohne in einen Widerspruch zu geraten. Wer leugnen will, dass er lebt und bewusst ist, muss dies aus einem Zustand des Bewusstseins heraus tun – ein Paradox, das aufzeigt, dass Leben und Bewusstsein nicht als bloße Illusion abgetan werden können.

Daher ist die Realität von Leben und Bewusstsein nicht nur eine Annahme, sondern eine absolute Gewissheit. Sie verankern uns in der Realität und sind das Medium, durch das wir uns und die Welt erfahren. Leben und Bewusstsein sind keine Täuschungen oder Konstrukte, sondern die fundamentalen Tatsachen unseres Daseins, die wir als wahr und real erkennen müssen, um uns selbst und die Welt überhaupt erfassen zu können.

Die Realität von Leben und Bewusstsein wird besonders deutlich, wenn wir den Prozess ihrer Weitergabe an die nächste Generation betrachten. Leben und Bewusstsein sind nicht nur Phänomene, die im Individuum existieren, sondern sie sind auch Eigenschaften, die weitergegeben werden können — und zwar nur durch das Leben selbst. In der biologischen Fortpflanzung wird Leben durch eine Art „Abspaltung" oder „Zellteilung" an neues Leben weitergereicht. Das, was die nächste Generation als lebendig und bewusst erscheinen lässt, ist nicht das Ergebnis eines äußeren, künstlichen Prozesses, sondern die direkte Weitergabe der lebendigen und bewussten Essenz selbst.

Wäre Leben oder Bewusstsein bloß eine Illusion, eine Täuschung des Verstandes, könnte dieser Prozess der Weitergabe gar nicht stattfinden. Denn eine Illusion kann keine echte Substanz an ein anderes Lebewesen weitergeben – sie hat keinen Kern, der sich reproduzieren ließe. Leben und Bewusstsein können also nicht bloße Erscheinungen sein, die aus einem rein mechanischen Zusammenspiel von Materie und Energie entstehen. Sie müssen real und authentisch sein, denn nur so können sie durch den Prozess der Fortpflanzung in der materiellen Welt weiterbestehen.

Die Versuche der Wissenschaft, Leben und Bewusstsein künstlich zu erzeugen, haben dies immer wieder deutlich gemacht. Maschinen, so komplex und intelligent sie auch erscheinen mögen, können nicht leben und sind nicht bewusst. Sie funktionieren nach festgelegten Mechanismen und Abläufen, doch sie besitzen keine Selbstwahrnehmung, kein eigenes „Ich", keine Erfahrung des Seins. Bewusstsein kann nicht künstlich geschaffen werden; es muss aus einem bereits bewussten Ursprung hervorgehen.

Leben und Bewusstsein entspringen also stets einem lebendigen, bewussten Vorgänger. Sie entstehen nicht spontan aus unbelebter Materie, sondern müssen aus etwas hervorgehen, das bereits über diese Qualitäten verfügt. Dies zeigt, dass Leben und Bewusstsein keine bloßen Eigenschaften der Materie sein können. Materie mag die Grundlage bieten, in der Leben sich ausdrückt, doch sie ist nicht die Quelle von Leben und Bewusstsein selbst. Leben und Bewusstsein benötigen eine lebendige, bewusste Quelle, um in die Existenz zu treten – eine Quelle, die selbst lebendig und bewusst sein muss, um diese Qualitäten in den Fluss des Daseins weiterzugeben.

Kapitel 2
Die Unmöglichkeit künstlicher Bewusstseins- und Lebenserzeugung

Die Fortschritte der Wissenschaft und Technik in den letzten Jahrzehnten haben unser Verständnis der materiellen Welt revolutioniert. Durch die Erforschung der Biologie, Chemie und Physik ist es gelungen, die Bausteine des Lebens in immer kleinerem Detail zu entschlüsseln. Molekulare Strukturen, genetische Codes und biochemische Prozesse, die Leben ermöglichen, sind heute in vielen ihrer Mechanismen bekannt. Doch trotz all dieser Errungenschaften hat die Wissenschaft eine grundlegende Grenze nicht überschreiten können: die Erzeugung von Leben und Bewusstsein aus toter Materie.

Seit dem Beginn der modernen Biowissenschaften hat die Menschheit versucht, die Prinzipien des Lebens so tief zu durchdringen, dass es uns möglich wird, Leben künstlich zu erzeugen. In der Biologie und der Gentechnik wurden zahllose Experimente durchgeführt, um lebende Organismen aus nichtlebenden Bausteinen zu erschaffen. Doch obwohl wir in der Lage sind, organische Moleküle zusammenzusetzen, ist bisher kein Experiment gelungen, das aus toter Materie wirklich lebendiges, bewusstes Leben hervorbringen konnte.

Ein Beispiel sind die Versuche in der synthetischen Biologie. Wissenschaftler haben es geschafft, einzelne biologische Komponenten nachzubauen, sogar das Erbgut künstlich zu modifizieren und genetisches Material zu synthetisieren. Doch die Ergebnisse sind stets biochemische Mechanismen geblieben – Prozesse, die in einem Labor kontrolliert ablaufen können, jedoch kein eigenständiges Leben und kein Bewusstsein hervorrufen. Diese synthetischen Ansätze zeigen zwar beeindruckende technische Möglichkeiten, aber sie haben keine Selbstwahrnehmung, kein eigenes „Ich", und sie sind in keiner Weise lebendig im eigentlichen Sinne des Wortes.

Gleichzeitig wurden in der Informatik und Robotik immense Anstrengungen unternommen, um künstliches Bewusstsein zu entwickeln. Es gibt heute hochentwickelte

Maschinen und Programme, die mit unglaublicher Geschwindigkeit Informationen verarbeiten, Entscheidungen treffen und sich in ihrer Umgebung „bewegen" können. Die sogenannte „Künstliche Intelligenz" ist in der Lage, komplexe Probleme zu lösen und sogar menschenähnliche Verhaltensweisen zu simulieren. Doch so „intelligent" und leistungsfähig moderne Maschinen auch sein mögen, so fehlt ihnen doch eine grundlegende Eigenschaft: das Bewusstsein. Sie haben kein inneres Erleben, kein Gefühl des Seins, keine Selbstwahrnehmung. Sie „wissen" nicht, dass sie existieren – sie folgen lediglich programmatischen Abläufen.

Diese Grenze, die bisher unüberwindbar scheint, ist ein wesentlicher Hinweis darauf, dass Leben und Bewusstsein nicht auf rein materielle oder mechanistische Prozesse reduziert werden können. Weder die organischen Bausteine des Lebens noch die Algorithmen der Maschinen haben die Fähigkeit, eigenständig lebendig oder bewusst zu sein. Es bleibt die Frage offen: Warum ist es nicht möglich, Leben und Bewusstsein künstlich zu erzeugen, obwohl die materielle Grundlage bekannt ist?

Der wiederholte Misserfolg der Wissenschaft, Leben und Bewusstsein künstlich aus toter Materie zu erschaffen, deutet auf eine grundlegende Wahrheit hin: Der Ursprung von Leben und Bewusstsein liegt offenbar nicht in der Materie selbst. Trotz aller Fortschritte in der Biologie, Chemie und Informatik und trotz des genauen Verständnisses vieler Mechanismen und Strukturen, die das Leben aufrechterhalten, konnte die Wissenschaft den „Funken" des Lebens und des Bewusstseins nicht erzeugen. Woran liegt das?

Die materielle Welt ist eine Welt von Mechanismen, von Ursache und Wirkung, von physikalischen Prozessen, die sich nach klaren Regeln und Gesetzen verhalten. Ein Molekül reagiert auf ein anderes Molekül nach festen chemischen Prinzipien, und ein Computer verarbeitet Daten durch eine Folge von logischen Operationen. Doch das Wesen von Leben und Bewusstsein entzieht sich genau diesem Prinzip. Leben und Bewusstsein haben eine Qualität, die über reine Mechanik hinausgeht: Sie besitzen eine innere Dynamik, eine Fähigkeit zur Selbsterhaltung, Selbsterkenntnis und zum eigenständigen Erleben.

Wenn man versucht, Leben und Bewusstsein auf die Gesetze der Materie zu reduzieren, stößt man zwangsläufig auf eine Grenze. Maschinen, so hoch entwickelt sie auch sein mögen, agieren immer nach äußeren Anweisungen und Programmen – sie besitzen keine „innere" Welt, keine Eigenständigkeit im Erleben. In der Materie an sich, in ihren Molekülen und Atomen, finden sich keinerlei Hinweise auf Bewusstsein oder die Fähigkeit zur Selbstwahrnehmung. Wenn wir Leben und Bewusstsein erleben, dann erleben wir nicht nur materielle Prozesse, sondern etwas, das diese Prozesse übersteigt: die Fähigkeit, diese Prozesse wahrzunehmen und als „ich" zu empfinden.

Dieser Unterschied legt nahe, dass das Leben und Bewusstsein, die wir erfahren, nicht das Ergebnis einer bloßen Ansammlung materieller Bausteine sind. Vielmehr benötigen Leben und Bewusstsein eine Quelle, die selbst lebendig und bewusst ist – eine Quelle, die diesen Grundqualitäten nicht nur innewohnt, sondern die sie auch weitergeben kann.

Die Tatsache, dass das Leben nicht aus lebloser Materie entsteht, zeigt, dass Materie allein nicht imstande ist, den Übergang zum Lebendigen oder Bewussten zu vollziehen. Alles deutet darauf hin, dass Leben und Bewusstsein ihren Ursprung jenseits der Materie haben, in einem Bereich, der selbst lebendig und bewusst ist. Der immer wiederkehrende Misserfolg der Wissenschaft, den Funken des Bewusstseins zu erzeugen, ist ein stummer, aber deutlicher Hinweis darauf, dass Leben und Bewusstsein aus einer transzendenten Quelle stammen müssen – einer Quelle, die selbst lebendig und bewusst ist und uns das Geschenk des Lebens und der Wahrnehmung übermitteln kann.

Die Tatsache, dass es der Wissenschaft bis heute nicht gelungen ist, Leben und Bewusstsein aus toter Materie zu erschaffen, führt uns zu einer logischen Schlussfolgerung: Leben und Bewusstsein haben eine Quelle, die jenseits der materiellen Welt liegt. Es gibt etwas in unserem Sein, das nicht durch materielle Prozesse allein erklärt oder erzeugt werden kann. Wenn selbst die fortschrittlichsten Technologien und wissenschaftlichen Erkenntnisse nicht in der Lage sind, Bewusstsein oder Leben aus der bloßen Materie hervorzurufen, dann bleibt uns nur die Annahme, dass der Ursprung dieser Qualitäten in einer Sphäre jenseits der materiellen Welt zu finden ist.

Diese Quelle muss lebendig und bewusst sein, denn nur etwas, das selbst über diese Qualitäten verfügt, kann sie weitergeben. Das zeigt sich in der Natur, in der sich Lebewesen nur aus bereits lebendigen Vorfahren entwickeln. Leben gibt sich selbst weiter; es kann nicht spontan aus dem Nichts oder aus toter Materie entstehen. Ebenso ist es mit dem Bewusstsein: Die Fähigkeit zur Selbstwahrnehmung, zur Reflexion und zum Erleben kann nur aus einer bewussten Quelle stammen, die diese Qualitäten besitzt.

Die Existenz einer solchen transzendenten Quelle ist keine bloße Hypothese, sondern die einzig logische Erklärung, die übrig bleibt, wenn wir den Misserfolg der künstlichen Erzeugung von Leben und Bewusstsein betrachten. Diese Quelle ist mehr als nur ein abstraktes Prinzip oder eine kosmische Energie – sie muss bewusst, lebendig und schöpferisch sein, um Leben und Bewusstsein ins Dasein zu rufen und weiterzugeben. Ein solches Wesen kann nur als persönlicher, lebendiger Gott verstanden werden, der das Leben und das Bewusstsein, das wir erfahren, nicht nur hervorgebracht, sondern auch absichtsvoll gestaltet hat.

Die Erkenntnis, dass wir nicht allein aus materiellen Bestandteilen bestehen, sondern in eine transzendente, lebendige Wirklichkeit eingebettet sind, führt uns direkt zu einem Gottesbeweis. Denn wenn Leben und Bewusstsein nur von einer bewussten, lebendigen Quelle stammen können, dann verweist unser eigenes Dasein – unser Leben und unser Bewusstsein – unmittelbar auf die Existenz Gottes. Wir leben und wissen um unser Dasein, weil wir von einer Quelle abstammen, die lebendig und bewusst ist, und die uns als bewusste Individuen in die Existenz gerufen hat.

Kapitel 3
Das Prinzip „Von Nichts kommt Nichts"

Eines der grundlegendsten Prinzipien, das sowohl in der Philosophie als auch in der Naturwissenschaft als unverzichtbare Grundlage gilt, lautet: „Von Nichts kommt Nichts." Dieses Prinzip besagt, dass nichts einfach aus dem absoluten Nichts heraus entstehen kann. Alles, was existiert, muss eine Ursache haben, einen Ursprung, aus dem es hervorgegangen ist. Etwas kann nicht einfach ohne Vorbedingung, ohne Grund, ohne Ursache existieren. Dieses Gesetz der Kausalität bildet die Basis unseres gesamten Verständnisses von Realität und Existenz.

Betrachten wir die Welt um uns herum, dann sehen wir ein Universum voller komplexer Strukturen, voller Ordnung, voller Leben und Bewusstsein. Die Existenz dieser Dinge verlangt nach einer Erklärung. Weder die Materie selbst, die wir in ihrer Struktur und ihren Eigenschaften beobachten, noch die immateriellen Qualitäten wie Leben und Bewusstsein können einfach „aus dem Nichts" gekommen sein. Das Universum – mit all seinen sichtbaren und unsichtbaren Bestandteilen – ist kein Zufall und keine bloße Illusion. Es ist real und erfahrbar, und seine Existenz fordert uns auf, nach seiner Ursache zu fragen.

Wenn wir das Prinzip „Von Nichts kommt Nichts" ernst nehmen, können wir nicht davon ausgehen, dass das Universum und alles, was darin existiert, aus dem absoluten Nichts heraus entstanden ist. Etwas muss den ersten Impuls, den ersten Funken gesetzt haben, um die Existenz von Raum, Zeit, Materie und Leben in Gang zu setzen. Eine Schöpfung, sei sie materiell oder immateriell, benötigt eine schöpferische Quelle – eine Quelle, die willentlich und bewusst das Sein aus dem Nichtsein hervorgebracht hat.

Diese schöpferische Quelle kann nicht selbst Teil der materiellen Welt sein, denn dann wäre sie ebenfalls den Gesetzen und Begrenzungen unterworfen, die sie erschaffen hat. Stattdessen muss sie außerhalb der Grenzen von Raum und Zeit existieren, jenseits der materiellen Ebene, und dennoch die Kraft und das Bewusstsein besitzen, die gesamte Existenz ins Dasein zu rufen. Damit ist klar, dass das Universum und alles, was es enthält, eine transzendente, bewusste Quelle benötigt – eine Quelle, die in der Lage ist, das Nichts zu überwinden und etwas in die Existenz zu rufen.

Um die Existenz des Universums und aller Dinge darin zu erklären, reicht es nicht aus, lediglich von einer „Ursache" zu sprechen – die Quelle muss auch bestimmte Eigenschaften besitzen, um das Leben und das Bewusstsein, die wir erleben, ins Dasein zu rufen. Ein mechanischer, unbewusster Prozess könnte zwar physikalische Strukturen erschaffen, jedoch nicht die grundlegenden Qualitäten von Leben und Bewusstsein. Die Quelle der Schöpfung muss bewusst und lebendig sein, denn nur so kann sie selbst diese Qualitäten weitergeben.

Stellen wir uns die Quelle als ein Prinzip ohne Bewusstsein oder Leben vor – ein Prinzip, das rein mechanisch oder unpersönlich ist. Eine solche Quelle könnte zwar eine Art materielles Fundament setzen, ähnlich einem physikalischen Impuls, doch sie könnte nicht das lebendige und bewusste Erleben hervorbringen, das wir in uns selbst erfahren. Leben und Bewusstsein sind Eigenschaften, die über die bloße Anordnung von Materie hinausgehen und die sich nicht einfach aus unpersönlichen Prozessen ableiten lassen. Sie besitzen eine Qualität des „Seins" und der Selbstwahrnehmung, die ein bewusstes, lebendiges Wesen voraussetzt.

Nur ein lebendiges und bewusstes Wesen kann die schöpferische Kraft besitzen, die nicht nur Materie, sondern auch das Bewusstsein und das Leben selbst ins Dasein ruft. Die Quelle allen Seins muss also selbst über Bewusstsein und Leben verfügen, um in der Lage zu sein, diese Qualitäten in die Schöpfung einfließen zu lassen. Ohne diese lebendige und bewusste Quelle blieben Leben und Bewusstsein unerklärbar – sie könnten in der Kette der Ursachen und Wirkungen nirgendwo ihren Anfang nehmen, da sie über die Materie hinausgehen und ihre Wurzeln in etwas besitzen müssen, das sie selbst trägt.

Das Prinzip „Von Nichts kommt Nichts" führt uns daher zu der Schlussfolgerung, dass die Quelle des Universums mehr als ein abstraktes „Erstes Prinzip" sein muss. Sie muss die schöpferische Kraft und Absicht besitzen, um Leben und Bewusstsein in die Existenz zu rufen. Sie muss lebendig und bewusst sein, denn nur ein lebendiges und bewusstes Wesen kann die Qualitäten des Lebens und der Selbstwahrnehmung hervorrufen, die wir erleben. Diese Quelle ist kein unpersönliches Prinzip oder ein zufälliger Impuls, sondern ein Wesen mit der bewussten Kraft, die gesamte Schöpfung ins Sein zu rufen.

Wenn wir die Natur der schöpferischen Quelle untersuchen, führt uns die Logik unweigerlich zu der Schlussfolgerung, dass diese Quelle transzendent ist – jenseits der materiellen Welt und ihrer Begrenzungen existierend. Die Transzendenz dieser Quelle bedeutet, dass sie außerhalb von Raum und Zeit liegt und nicht den Naturgesetzen unterworfen ist, die in unserem Universum wirken. Doch diese Quelle ist nicht nur ein entfernter, abstrakter Ursprung; sie ist aktiv, schöpferisch und hat den Zustand des „Nichts" willentlich überwunden, um das Universum ins Sein zu rufen.

Die Tatsache, dass etwas existiert, statt dass „Nichts" ist, zeigt uns, dass die Transzendenz nicht nur passiv ist. Die Quelle hat aktiv entschieden, das Nichts zu überwinden und eine Schöpfung hervorzubringen. Dies ist mehr als ein bloßes Entstehen oder ein zufälliges Ereignis – es ist ein bewusster Akt des Willens und der Kraft. Die Transzendenz, die das Nichts überwindet, ist eine schöpferische Macht, die in der Lage ist, das Sein zu wählen und zu gestalten. Ein solches Wesen ist nicht nur transzendent, sondern auch intentional und persönlich.

Dieser schöpferische Ursprung, der das Nichts überwindet und das Universum mit all seinen Gesetzmäßigkeiten, seinem Leben und Bewusstsein hervorbringt, kann nur als personaler Gott verstanden werden. Nur ein persönlicher, bewusster Gott könnte die Macht und das Bewusstsein besitzen, um etwas aus dem Nichts ins Dasein zu rufen. Diese Schöpfung war kein Zufall, sondern eine bewusste Entscheidung, das Sein dem Nichtsein vorzuziehen.

Indem Gott das Nichts durch Schöpfung überwand, rief er nicht nur die Materie ins Dasein, sondern schuf auch die Grundlage für Leben und Bewusstsein – Eigenschaften, die seine eigene bewusste und lebendige Natur widerspiegeln. Dieser Ursprung ist nicht unpersönlich, sondern voller Intention und Sinn, und durch diese Schöpfung hat Gott seine eigene Transzendenz in die Welt hineingetragen.

Die Überwindung des Nichts durch einen transzendenten, bewussten Gott zeigt uns, dass unser Dasein einen Ursprung und ein Ziel hat. Wir leben nicht in einem zufälligen Universum ohne Sinn oder Zweck; wir sind Teil einer Schöpfung, die aus einer bewussten, lebendigen Quelle hervorgegangen ist. Diese Erkenntnis gibt uns nicht nur eine Erklärung für unser Leben und Bewusstsein, sondern auch eine Orientierung für unser Sein: Wir sind aus einem Grund und durch eine bewusste Entscheidung hier, und diese Tatsache verankert unser Dasein in einer transzendenten Wirklichkeit, die uns alle verbindet.

Kapitel 4
Der Gottesbeweis und seine Implikationen

Die Überlegungen, die wir bis hierher angestellt haben, führen uns zu einer zwingenden Schlussfolgerung: Die Existenz eines personalen Gottes ist die einzige logisch konsistente Erklärung für unser Dasein, unser Bewusstsein und das Leben selbst. Schritt für Schritt haben wir die Voraussetzungen untersucht, die notwendig sind, um das Phänomen der Existenz zu verstehen, und diese Analyse hat uns unweigerlich zur Erkenntnis eines bewussten und lebendigen Schöpfers geführt.

Unsere Argumentation beruht auf einer logischen Kette von Grundannahmen und Schlussfolgerungen:

1. Die Realität von Leben und Bewusstsein – Wir haben festgestellt, dass Leben und Bewusstsein keine Illusionen sind. Sie sind reale Phänomene, die uns nicht nur an die materielle Welt binden, sondern auch als Ausgangspunkt für unser gesamtes Erleben und Verstehen dienen. Leben und Bewusstsein sind

Grundtatsachen unserer Existenz und können nicht einfach als Nebenprodukte materieller Prozesse erklärt werden.

2. Die Unmöglichkeit der künstlichen Erzeugung von Leben und Bewusstsein – Trotz jahrzehntelanger wissenschaftlicher Bemühungen ist es nicht gelungen, Leben und Bewusstsein aus toter Materie zu erschaffen. Dieser Misserfolg deutet darauf hin, dass Leben und Bewusstsein nicht durch mechanistische, materielle Prozesse allein hervorgebracht werden können, sondern eine lebendige, bewusste Quelle benötigen.

3. Das Prinzip „Von Nichts kommt Nichts" – Die Existenz von „etwas" statt „Nichts" erfordert eine Ursache, die selbst nicht Teil des materiellen Universums ist. Diese Ursache muss die schöpferische Kraft besitzen, das Sein aus dem Nichtsein hervorzubringen. Das Prinzip „Von Nichts kommt Nichts" weist uns auf eine transzendente Quelle hin, die in der Lage ist, das Universum und alles, was darin existiert, ins Dasein zu rufen.

4. Die Notwendigkeit einer bewussten und lebendigen Quelle – Um Leben und Bewusstsein in die Existenz zu rufen, muss diese transzendente Quelle selbst lebendig und bewusst sein. Nur eine bewusste, persönliche Macht könnte die Qualitäten des Lebens und des Bewusstseins in die Schöpfung einfließen lassen.

Aus dieser logischen Kette ergibt sich eindeutig, dass die Existenz des Universums, des Lebens und des Bewusstseins nur durch die Annahme eines personalen Gottes erklärt werden kann. Ein solcher Gott ist nicht nur ein abstraktes Prinzip oder eine kosmische Kraft, sondern ein lebendiges, bewusstes Wesen, das absichtsvoll das Sein hervorgebracht hat. Dieser Gott ist der Ursprung alles Lebendigen und Bewussten und damit die Grundlage unserer eigenen Existenz.

Die logische Kette, die uns zur Annahme eines personalen Gottes geführt hat, lässt nur eine konsequente Schlussfolgerung zu: Die Existenz eines bewussten und lebendigen Schöpfers ist die einzig konsistente Erklärung für unser Sein. Alle anderen Annahmen –

etwa, dass Leben und Bewusstsein bloße Produkte materieller Prozesse sind oder dass das Universum aus dem absoluten Nichts entstanden ist – führen uns in Widersprüche und Unklarheiten, die mit unserer eigenen Wahrnehmung der Realität unvereinbar sind.

Die moderne Wissenschaft hat viele Theorien hervorgebracht, um die Entstehung des Universums und des Lebens zu erklären, doch keine dieser Theorien kann den Ursprung von Leben und Bewusstsein wirklich fassen. Der Versuch, alles auf Mechanismen der Materie zu reduzieren, stößt unweigerlich an seine Grenzen, denn Leben und Bewusstsein sind keine bloßen Eigenschaften der Materie – sie sind grundlegende Qualitäten, die einer lebendigen, bewussten Quelle entspringen müssen. Ohne eine transzendente, bewusste Ursache bleibt die Existenz von Leben und Bewusstsein rätselhaft und unverständlich.

Wenn wir das Prinzip „Von Nichts kommt Nichts" ernst nehmen und das Phänomen der bewussten Selbstwahrnehmung, das wir

alle erleben, als reale Gegebenheit anerkennen, dann bleibt uns nur die Einsicht, dass es
einen Schöpfer geben muss, der die Macht
und das Bewusstsein besitzt, um Leben und
Bewusstsein zu erschaffen. Dieser Schöpfer
ist nicht nur der Ursprung der Materie, sondern auch der Ursprung des Seins und des
Sinns. Er hat nicht nur die Welt ins Dasein gerufen, sondern sie auch mit einer inneren
Ordnung und einem Sinn ausgestattet, der
sich in der Fähigkeit zur Selbstwahrnehmung
und zum bewussten Erleben widerspiegelt.

Nur ein persönlicher Gott, der absichtsvoll
und bewusst handelt, kann die Ursache unseres Seins und die Quelle der Qualitäten
sein, die uns als bewusste Individuen aus-
zeichnen. Die Existenz eines personalen Gottes ist daher keine bloße Glaubensfrage, sondern die einzig logische Schlussfolgerung, die
sich aus den Grundphänomenen des Lebens
und des Bewusstseins ergibt. Unser Dasein
ist kein Zufall und kein mechanistisches Ne-
benprodukt materieller Prozesse, sondern
eine bewusste Schöpfung, die auf einen persönlichen Gott zurückzuführen ist. Dieser
Gott ist der Grund und das Ziel unseres Seins

– die Quelle, die alles Leben, alle Wahrnehmung und alles Bewusstsein hervorgebracht
hat.

Die Erkenntnis eines personalen Gottes, der
unser Sein ins Dasein gerufen hat, stellt das
Fundament des modernen und postmoder-
nen Weltbildes infrage. Seit Jahrhunderten
beruht das Denken der Moderne auf der Vorstellung eines autonomen Menschen, der
sich selbst genügt, der sein Leben und seine
Existenz ohne Bezug zu einer höheren, transzendenten Wirklichkeit versteht. Dieses
Weltbild stellt den Menschen als absolutes
Zentrum dar – als Wesen, das in der Lage ist,
aus eigener Kraft und eigenem Verstand heraus alles Wissen und alle Antworten zu finden. Doch wenn wir uns auf die Logik des Daseins einlassen, wie wir sie in den vorange-
gangenen Kapiteln entwickelt haben, wird
deutlich, dass diese Annahme einem Irrtum
unterliegt.

Der Mensch ist nicht das absolute Zentrum,
sondern Teil einer Schöpfung, die durch ein
höheres, lebendiges und bewusstes Wesen
ins Dasein gerufen wurde. Ohne die

Anerkennung dieses Schöpfers bleibt das moderne Weltbild unvollständig und nicht tragfähig. Es entbehrt einer Grundlage, auf der es wirklich Bestand haben könnte. Ein autonomes Weltbild ohne transzendente Quelle führt zu einem Denken, das das Leben und das Bewusstsein letztlich auf mechanische Prozesse und Zufall reduziert und damit in eine existenzielle Leere mündet. Der Mensch erscheint in einem solchen Weltbild als zufälliges Phänomen in einem kalten Universum – ohne höhere Bedeutung, ohne echte Grundlage und ohne tieferen Sinn.

Das Weltbild der Moderne und Postmoderne ist daher auf wackeligen Fundamenten gebaut. Es entbehrt der realen Substanz, die nur ein lebendiger, bewusster Schöpfer liefern kann. Die Vorstellung, dass der Mensch sich selbst genügt, dass er unabhängig von einer transzendenten Ordnung und Quelle existieren kann, führt zu einer Haltung der Isolation, des Nihilismus und letztlich der Orientierungslosigkeit. Der Mensch, der sich als autonomes Wesen versteht, verliert die Verankerung, die ihm Halt und Sinn gibt. Er wird, wie die Moderne zeigt, in eine innere

Leere gestürzt, die er nur schwer überwinden kann.

Ein Weltbild, das Leben und Bewusstsein ohne eine bewusste, lebendige Quelle erklären möchte, verkennt die tiefste Natur des Menschseins und verwehrt sich der Erkenntnis der eigenen Wurzeln. Die Annahme, dass wir keine höhere Quelle oder ein transzendentes Ziel benötigen, hat uns in eine Zeit geführt, in der Orientierung und Sinn oft verloren scheinen. Doch die Erkenntnis eines personalen Gottes als Quelle und Grund unseres Seins eröffnet einen Weg, der über das bloße rationale und mechanistische Denken hinausgeht – einen Weg zu einer erfüllteren, tieferen und wahrhaftigeren Existenz, die sich ihrer Wurzeln und ihres Ziels bewusst ist.

Nur mit der Einsicht in die Realität einer bewussten, transzendenten Quelle kann das menschliche Weltbild vollständig und tragfähig werden. Die Anerkennung eines personalen Gottes führt uns zu einem Weltbild, das das Leben, das Bewusstsein und den Menschen in seiner ganzen Tiefe erfasst und ihm den Platz in der Schöpfung gibt, der ihm

zusteht: als bewusste, eigenständige Schöpfung eines lebendigen Gottes.

Kapitel 5
Die Konsequenzen eines transzendenten Schöpfers

Die Erkenntnis, dass unser Sein in einem bewussten, transzendenten Schöpfer gründet, ist keine bloß intellektuelle Schlussfolgerung – sie hat weitreichende ethische und existenzielle Konsequenzen. Wenn wir davon ausgehen, dass unser Dasein kein Zufall, sondern das Ergebnis einer bewussten Schöpfung ist, dann gewinnt unser Leben eine neue Dimension: Es besitzt nicht nur Substanz, sondern auch einen tieferen Sinn und eine Verantwortung, die über die persönliche Autonomie hinausgeht.

Ein transzendenter Schöpfer, der das Leben bewusst ins Dasein gerufen hat, hat uns nicht willkürlich oder gedankenlos erschaffen, sondern mit Absicht und einem bestimmten Zweck. Diese Erkenntnis verändert unser Verständnis von Moral und Verantwortung grundlegend. Ethik ist dann keine bloße Vereinbarung, die Menschen für das Zusammenleben treffen, sondern ein Ausdruck einer höheren Ordnung, die auf dem Willen des Schöpfers gründet. Moralische Prinzipien und ethische Normen werden in diesem Licht nicht relativ oder verhandelbar, sondern absolut und verbindlich – sie spiegeln die Absicht und das Gesetz des Schöpfers wider, das für alle Menschen gilt.

Darüber hinaus verleiht diese Einsicht unserem Leben eine Bedeutung, die unabhängig von äußeren Umständen oder subjektiven Wünschen ist. Wir sind nicht nur Individuen, die für sich selbst existieren, sondern bewusste Wesen, die in eine von Gott gegebene Ordnung hineingestellt sind. Die Beziehung zu einem transzendenten Schöpfer fordert uns dazu auf, unser Dasein nicht nur als persönliche Freiheit, sondern auch als eine Verantwortung zu verstehen. Diese Verantwortung umfasst sowohl unser Handeln gegenüber anderen als auch unsere Einstellung zum Leben selbst. Unser Leben ist ein Geschenk, das wir pflegen und achten sollen – nicht aus egoistischem Nutzen, sondern als Ausdruck der Ehrfurcht vor dem Schöpfer, der uns ins Dasein gerufen hat.

Die Konsequenz dieser Erkenntnis ist weitreichend: Wenn wir Teil einer bewussten Schöpfung sind, dann ist unser Leben untrennbar mit der Absicht dieses Schöpfers verbunden. Diese Einsicht verleiht unserer Existenz eine Tiefe, die über die rein persönliche Selbstverwirklichung hinausgeht. Sie fordert uns dazu auf, in Harmonie mit den Prinzipien zu leben, die dem Willen des Schöpfers entsprechen, und unser Leben als Teil einer größeren Ordnung zu sehen.

Die Erkenntnis, dass unser Sein auf einem bewussten, transzendenten Schöpfer beruht, stellt unsere aktuelle Lebens- und Denkweise infrage. Die moderne Welt lebt und denkt in vielerlei Hinsicht so, als ob es keinen göttlichen Ursprung und keine höhere Ordnung gäbe. Der Mensch sieht sich als autonom, unabhängig und frei, ohne Bezug auf eine transzendente Quelle. Doch diese Selbstwahrnehmung führt uns in einen Zustand, der mit einer „Meuterei" vergleichbar ist – einem Aufstand gegen die natürliche, göttliche Ordnung, die unser Dasein im tiefsten Sinne trägt und leitet.

Diese Meuterei äußert sich auf vielfältige Weise. Die moderne Lebensweise ist oft geprägt von der Vorstellung, dass der Mensch selbst der Schöpfer seiner Werte und seines Lebenssinns ist. Die Idee, dass ethische Normen und Lebensprinzipien lediglich gesellschaftliche Konstrukte oder individuelle Entscheidungen sind, verleugnet die Möglichkeit einer universellen, göttlichen Ordnung. An die Stelle verbindlicher Werte treten flexible, subjektive Normen, die an persönliche Vorlieben und momentane Mehrheitsmeinungen angepasst werden. Dies führt zu einem Zustand moralischer Beliebigkeit, in dem das Streben nach individuellem Nutzen und Komfort über das Prinzip eines universalen, göttlich fundierten Ethos gestellt wird.

Dieser Zustand der „Meuterei" ist im Grunde ein Ausdruck der Weigerung, die eigene Existenz als Teil einer größeren Ordnung zu erkennen. Indem der Mensch sich von der Vorstellung eines göttlichen Ursprungs loslöst, schafft er eine Lebensweise, die in der Praxis auf die Verneinung der eigenen Wurzeln hinausläuft. Die Ablehnung eines göttlichen Ursprungs führt zu einem Selbstverständnis, in dem der Mensch sich selbst genügt und in dem seine Existenz keinen höheren Zweck oder keine höhere Verantwortung zu erfüllen hat. Diese Abkehr von der göttlichen Ordnung ist jedoch nicht frei von Folgen: Die moderne Gesellschaft leidet unter einem Verlust von Orientierung, von Sinn und innerem Halt – einem Mangel, der oft als persönliche oder gesellschaftliche Krise sichtbar wird.

Wenn wir das Bild einer „Meuterei" weiterführen, dann bedeutet dies auch, dass der Mensch sich in einen Zustand des Aufruhrs und der inneren Unruhe begeben hat. Wie Seeleute, die ihren Kapitän entmachtet haben und auf einem endlosen Meer treiben, so sieht sich der moderne Mensch mit der Leere und Orientierungslosigkeit einer Existenz konfrontiert, die sich von ihrem Ursprung entfernt hat. Ohne die Anerkennung einer göttlichen Ordnung fehlt eine verlässliche Richtung, ein Kompass, der dem Leben eine tiefere Bedeutung verleiht. Der Mensch wird zum vermeintlichen Herrn seiner selbst, jedoch ohne eine echte Grundlage für diese Freiheit. Er ist frei, doch diese Freiheit ist in

Wahrheit eine Ungebundenheit, die ihn entwurzelt und orientierungslos macht.

Die Meuterei gegen den göttlichen Ursprung und die göttliche Ordnung mag als Freiheit erscheinen, doch sie führt uns in eine Art existenzielles Niemandsland, in dem die eigentliche Natur und der höhere Sinn unserer Existenz verkannt werden. In dieser Hinsicht stellt die moderne Welt nicht nur eine Loslösung von Traditionen oder Glaubenssystemen dar, sondern eine tiefgehende, systematische Verneinung der Wahrheit, die unserem Sein zugrunde liegt. Die Konsequenzen sind ein Verlust von Sinn, Halt und Gemeinschaft – eine innere Leere, die durch keine äußere Freiheit oder Selbstverwirklichung gefüllt werden kann.

Die Erkenntnis eines transzendenten Schöpfers, der uns und das gesamte Universum ins Dasein gerufen hat, ist mehr als eine intellektuelle Schlussfolgerung – sie ist eine Einladung, das eigene Leben und Sein in einem neuen Licht zu betrachten. Die moderne Welt hat uns gelehrt, dass wir unabhängig und autonom sind und uns selbst genügen, doch diese Vorstellung hat uns in eine innere Leere und Orientierungslosigkeit geführt. Die Rückkehr zur Wahrheit unseres göttlichen Ursprungs eröffnet uns die Möglichkeit, diese Leere zu füllen und uns wieder in einen größeren, sinnhaften Zusammenhang einzuordnen.

Ein Leben in Übereinstimmung mit der göttlichen Ordnung ist kein Verlust an Freiheit, sondern eine Rückkehr zu unserer wahren Natur und Bestimmung. Indem wir die uns von Gott gegebene Ordnung anerkennen und als Teil unseres eigenen Seins annehmen, erfahren wir eine Freiheit, die über das bloße Tun und Lassen hinausgeht. Diese Freiheit beruht auf einer inneren Verankerung, einer Klarheit darüber, wer wir sind und warum wir existieren. Sie verleiht unserem Leben eine Richtung und einen Sinn, die unabhängig von äußeren Umständen Bestand haben.

Diese Rückkehr zur göttlichen Ordnung bedeutet nicht, dass wir ein starres Regelwerk befolgen müssen; vielmehr lädt sie uns ein, unser Dasein als Teil einer größeren

Wahrheit zu erkennen. Die göttliche Ordnung ist Ausdruck des Willens eines personalen, lebendigen Gottes, der das Leben liebt und seine Schöpfung mit Absicht und Liebe ins Dasein gerufen hat. Sie bietet uns einen Anker, der uns auch in den Stürmen des Lebens Halt gibt, eine Grundlage, die unser Leben mit einem Ziel und einem Sinn erfüllt, der weit über das bloße Hier und Jetzt hinausgeht.

Wir sind eingeladen, unser Leben als Teil einer Schöpfung zu verstehen, die ihren Ursprung in einer bewussten Entscheidung Gottes hat. Diese Erkenntnis gibt uns nicht nur Halt, sondern auch eine Perspektive der Ehrfurcht und Dankbarkeit. Sie fordert uns dazu auf, mit Achtsamkeit und Verantwortung zu handeln, unser Dasein zu pflegen und in Harmonie mit der göttlichen Ordnung zu leben. Durch die Anerkennung unseres göttlichen Ursprungs treten wir aus der Isolation und Orientierungslosigkeit heraus und finden uns in einer Beziehung wieder – zu Gott, zu anderen Menschen und zur gesamten Schöpfung.

Diese Einladung zur Rückkehr ist letztlich eine Einladung zur persönlichen Reflexion: Was bedeutet es, in einer Welt zu leben, die von einem bewussten Schöpfer ins Dasein gerufen wurde? Welche Verantwortung trägt jeder Einzelne von uns angesichts dieser Wahrheit? Und wie können wir unser Leben so gestalten, dass es dieser göttlichen Ordnung entspricht? Die Antworten auf diese Fragen werden für jeden Menschen unterschiedlich sein, doch sie führen uns alle zu einer tieferen Einsicht in die Bedeutung unseres Seins und in die Wahrheit, dass wir als bewusste, geliebte Schöpfungen Teil eines größeren, gottgegebenen Kontextes sind.

Schlusswort
Ein Weg aus der Leere

Die Erkenntnis, dass unser Leben auf einem bewussten, personalen Schöpfer basiert, eröffnet uns einen Weg aus der Leere und Orientierungslosigkeit, die so viele Menschen heute empfinden. Diese Einsicht bedeutet keine Einschränkung unserer Freiheit, sondern vielmehr eine Rückkehr zur Wahrheit unseres Daseins – eine Wahrheit, die uns Halt, Sinn und eine tiefe Verankerung im Sein gibt. Die Idee eines personalen Gottes, der uns gewollt und geliebt hat, ehe wir existierten, ist eine Rückkehr zu einer Ordnung, die nicht fremd oder übermächtig ist, sondern eine Ordnung, in der wir uns als lebendige, bewusste Wesen wiederfinden und verwirklichen können.

In einer Welt, die uns oft dazu drängt, uns als autonome und isolierte Individuen zu begreifen, führt uns die Anerkennung eines göttlichen Ursprungs zurück zu unserem innersten Selbst. Sie bietet uns eine Antwort auf die Fragen nach Sinn, Ziel und Wert unseres Lebens. Diese Rückkehr zur göttlichen Ordnung ist nicht ein Verlust von Selbstbestimmung, sondern vielmehr ein Weg, unsere Freiheit in ihrer wahren Tiefe zu entdecken und zu entfalten. Indem wir uns in den größeren Kontext des göttlichen Willens einordnen, gewinnen wir eine Freiheit, die sich auf dem Fundament der Wahrheit gründet und uns zu einer volleren, erfüllten Existenz führt.

Gott hat uns nicht als Maschinen oder Roboter geschaffen, die blind seine Vorgaben befolgen. Stattdessen hat er uns Bewusstsein und einen freien Willen gegeben, die es uns ermöglichen, eine selbstbestimmte Entscheidung zu treffen: Wir können uns von ihm abwenden und unseren eigenen Weg gehen, oder wir können uns ihm in Freundschaft und Liebe zuwenden. Dieser freie Wille, das Geschenk des Bewusstseins, macht uns zu eigenständigen Wesen, die Gott aus freiem Entschluss suchen und finden können. Es liegt nahe, dass Gott genau diese freiwillige Hinwendung von uns wünscht – eine Hinwendung, die in Liebe und Erkenntnis der Wahrheit unseres Daseins wurzelt.

In diesem Kontext erhält unser freier Wille eine besondere Bedeutung. Liebe und Freundschaft sind nur dann echt und tief, wenn sie freiwillig gegeben werden. Gott „musste" uns Bewusstsein und freien Willen verleihen, damit eine solche Beziehung der Liebe und Freundschaft zwischen ihm und seinen Geschöpfen überhaupt möglich wird. Vielleicht wartet er darauf, dass wir diese Freiheit nutzen, um aus eigener Einsicht zu ihm zurückzukehren. Das christliche Gleichnis vom verlorenen Sohn verdeutlicht dies eindrucksvoll: Gott, als der Vater, der sehnsüchtig wartet und seinem heimkehrenden Sohn mit offenen Armen entgegenläuft, ist ein kraftvolles Bild für die Beziehung, die Gott zu uns sucht – nicht eine erzwungene Rückkehr, sondern eine freiwillige, bewusste Entscheidung, zu unserer göttlichen Quelle zurückzukehren.

Diese Einladung zur Rückkehr ist auch eine Einladung zur echten Freiheit und zur Erfüllung unserer tiefsten Bestimmung. Wenn wir uns Gott in Liebe und Freundschaft zuwenden, erfahren wir eine Beziehung, die uns weit über das hinausführt, was wir als bloße

Individuen erreichen können. Es ist ein Schritt zurück in eine Verbundenheit, die nicht nur unseren inneren Frieden stärkt, sondern unser gesamtes Dasein mit Sinn und Bedeutung erfüllt.

Anhang

Die logischen Schritte des Gottesbeweises übersichtlich präsentiert:

Schritt 1. Realität von Leben und Bewusstsein

Kernaussage: Leben und Bewusstsein sind reale Phänomene, keine Illusionen oder Produkte der Materie allein.

Schlussfolgerung: Leben und Bewusstsein benötigen eine Quelle, die diese Qualitäten selbst besitzt.

Schritt 2. Unmöglichkeit künstlicher Erzeugung

Kernaussage: Trotz aller wissenschaftlichen Bemühungen können Leben und Bewusstsein nicht aus toter Materie geschaffen werden.

Schlussfolgerung: Leben und Bewusstsein sind nicht reduzierbar auf mechanische Prozesse und bedürfen einer bewussten Quelle.

Schritt 3. Prinzip „Von Nichts kommt Nichts"

Kernaussage: Die Existenz von etwas (sei es materiell oder immateriell) erfordert eine Ursache und kann nicht aus dem Nichts entstehen.

Schlussfolgerung: Das Universum benötigt eine schöpferische Quelle, die das Sein aus dem Nichtsein ins Dasein gerufen hat.

Schritt 4. Notwendigkeit einer bewussten Quelle

Kernaussage: Leben und Bewusstsein können nur aus etwas hervorgehen, das selbst bewusst und lebendig ist.

Schlussfolgerung: Die Quelle des Lebens und Bewusstseins muss bewusst und lebendig sein – eine Person mit Willen und Intention.

Schritt 5. Existenz eines personalen Gottes

Kernaussage: Ein bewusster und persönlicher Gott ist die einzig logische Erklärung für das Universum und unser Dasein.

Schlussfolgerung: Unser Dasein gründet in einem bewussten, lebendigen Schöpfer, der das Leben und das Bewusstsein ins Dasein rief.

Weitere Texte vom gleichen Autor:

Bewusstsein, Individuum, Gott
Ein offener Dialog

BoD Verlag, 2024
ISBN 9 783 769 303018

Entscheidung für den Glauben
Die willentliche Rückkehr zu Gott als Rettung
aus der Krise.

BoD Verlag, 2024
ISBN 9 783759 785060

**Die Architektur des Glaubens: Weltbilder
und ihre Auswirkungen**
Die Rolle des Theismus und des Christentums
in einer fragmentierten Welt.

BoD Verlag, 2023
ISBN 9 783757 890032

Gott ist Person!
Warum es wichtig ist, Gott als ein ewiges, unveränderliches Individuum zu begreifen.

BoD Verlag, 2019
ISBN 9 783744 820004

Das Diesseits, das Jenseits und die Kraft der Liebe
Was Sie über das Leben und das Sterben wissen müssen.

BoD Verlag, 2013
ISBN 9 783842 358577

Alle Veröffentlichungen sind als Taschenbuch und als E-Book erhältlich.